A LA MÉMOIRE DE MA MÈRE.

C.

JUS ROMANUM.

PRO SOCIO.
(Dig., lib. xvii, tit. ii.)

Contractus societatis est ex eorum numero contractuum qui solo consensu perficiuntur.

Societas coiri potest, vel in perpetuum, id est, dum socii vivunt, vel ad tempus, vel ex tempore, vel sub conditione.

Hanc materiam quatuor partientur capita :

Primum ad formam et substantiam contractus societatis pertinebit;

In secundo, variæ societates recensebuntur;

Tertium amplectetur jus sociorum et actionem pro socio;

In quarto denique prospiciemus quibus modis societas solvatur.

CAPUT I.

DE FORMA ET SUBSTANTIA SOCIETATIS.

Societas est contractus bonæ fidei quo duo vel plures in medium res vel operas conferunt, animo lucri quod honestum sit ac licitum faciendi et inter se communicandi.

Igitur in coeunda societate bona fides spectanda est.

Quamobrem, societas, si dolo malo, aut fraudandi causa coita sit, ipso jure nullius momenti est, quia fides bona contraria est fraudi et dolo.

Singuli contrahentes aliquid in commune conferre debent, aut saltem se collaturos promittere, necesse est.

Cæterum non est exigendum ut quisque eorum aliquid ejusdem generis conferat.

Societatem enim, alio pecuniam conferente, alio operam vel gratiam, recte contrahi non dubitatur.

Si quidem donationis causa inita est, non valebit.

Hinc sequitur quod « Aristo refert Cassium

respondisse... societatem talem coiri non posse
ut alter lucrum tantum, alter damnum sentiret;
et hanc societatem leoninam solitum appellare.
Et nos consentimus talem societatem nullam
esse, ut alter lucrum sentiret, alter vero nul-
lum lucrum, sed damnum sentiret. Iniquissi-
mum enim genus societatis est, in qua quis
damnum, non etiam lucrum, spectet. »

Sed potest coiri societas ita ut, ejus lucri
quod reliquum in societate sit, omni damno
deducto, partem aliam quis ferat; et ejus
damni, quod similiter relinquatur, partem aliam
capiat.

Imo, ita coiri societatem posse, ut nullius
partem damni alter sentiat, lucrum vero commune sit, Cassius putat. Quod ita demum valebit
(ut et Sabinus scribit), si tanti sit opera, quanti
damnum est. Sæpe enim tanta est industria
socii, ut plus societati conferat quam pecunia.
Item si solus naviget, si solus peregrinetur,
pericula subeat solus.

In contrahenda societate, nihil præter con-
sensum sociorum requirendum est. Hinc, societatem coire, et re, et verbis, et per nuntium
posse nos, dubium non est.

Cum non fuerint partes, societati adjectæ
æquas eas esse constat.

Si Titius et Seius inter se pacti sunt ut ad

Titium duæ partes lucri pertineant, damni tertia ; ad Seium duæ partes damni, lucri tertia. An valeat conventio ?

Placet valere, si modo alteruter aliquid plus contulit societati vel pecuniæ, vel operæ, vel cujuscumque alterius rei causa.

Sæpe enim opera alicujus pro pecunia valet.

Si societatem mecum coieris ea conditione ut partes societatis constituas, ad boni viri arbitrium ea res redigenda est, quia et socius arbiter bonus haberi potest.

Interdum leges societate adjiciuntur quæ ad tempus, ad initium, vel ad finem spectant. Socius socio culpæ nomine tenebitur, id est desdiæ, atque negligentiæ.

Culpa autem non ad exactissimam diligentiam dirigenda est. Sufficiet etenim talem diligentiam communibus rebus adhibere, qualem suis rebus adhibere solet ; quia qui parum diligentem sibi socium adquirit, de se queri debet.

CAPUT II.

DE VARIIS SOCIETATIBUS.

Societatum quinque species numerantur.
Societates contrahuntur sive universorum

bonorum, sive omnium quæ ex quæstu veniunt, sive negotiationis alicujus, sive vectigalis, sive etiam rei unius.

SECTIO I.

De universorum bonorum societate.

In societate omnium bonorum quam Græci χοινοπραζίαν vocant, omnes res quæ coeuntium sunt, continuo communicantur.

Quia, licet specialiter traditio non interveniat, tacita tamen creditur intervenire.

Ea quæ in nominibus erunt manent in suo statu; sed actiones invicem præstare debent. Cum expresse omnium bonorum societas coita est, tunc et hereditas, et legatum, et quod donatum est, aut quaqua ratione acquisitum, in medium feretur.

Ideo socium, sive ob injuriam sibi factam, vel ex lege Aquilia, sive ipsius, sive filii corpori nocitum sit, universa in societatem conferre debere Neratius ait, si omnium bonorum socius sit.

Ibidem ait, socium omnium bonorum non cogi conferre, quæ ex prohibitis causis adquisierit. Quod autem ex furto, vel ex alio maleficio quæsitum est, in societate non est conferendum; quia delictorum turpis atque fœda communio est.

Plane si in medium collatum sit, commune erit lucrum.

Quod enim ex maleficio contulerit socius, non aliter recipere debet quam si damnatus sit.

Interdum et quod ex turpi causa socio descendit, alter socius agnoscere debet, si lucrum, quod ex delicto perveniebat, passus est in commune conferri.

Si igitur ex hoc conventus fuerit qui maleficium admisit, id quod contulit, aut solum, aut cum pœna auferet. Solum auferet, si mihi proponas insciente socio eum in societatis rationem hoc contulisse; quod si sciente, etiam pœnam socium agnoscere oportet.

Æquum est enim ut cujus participavit lucrum, participet et damnum.

SECTIO II.

De societate omnium quæ ex quæstu veniunt.

Quoties socii simpliciter coierint societatem nec ab iis fuerit distinctum, videtur coita esse universorum quæ ex quæstu veniunt, hoc est, si quod lucrum ex emptione, venditione, locatione, conductione descendit.

Quæstus enim intelligitur quem vel opera, vel industria cujusque parit.

Quæstus etiam videntur, et in hanc societatem conferuntur, stipendia militiæ et cætera salaria.

Inter eas autem res quæ in hanc societatem conferuntur, non adjecit Sabinus hereditatem, vel legatum, vel donationes mortis causa, sive non mortis causa. Hæc ideo quia non sine causa obveniunt, sed ob meritum aliquod accedunt.

Item Julianus ait : « Quum quæstus et compendii societas initur, quidquid ex operis suis socius acquisierit in medium confert, sibi autem hereditatem quisque acquirit. »

Æs autem alienum, nisi quod ex quæstu pendebit, veniet in rationem societatis. Nec etsi adjiciatur, ut quæstus et lucri socii sint ad aliud lucrum, quam quod ex quæstu veniet, hæc adjectio pertinebit.

SECTIO III.

De societate negotiationis alicujus.

Hæc societas locum habet cum negotiationis, alicujus causa consortium intervenit, emendi, verbi causa, vel vendendi olei, vel frumenti quæ navis ex Græcia advexerit.

In hac societate pecunia vel alia res quæ ad

exercendam negotiationem destinentur societati, non statim atque destinatæ sunt, communes
fiunt, sed tunc demum cum re ipsa collatæ
fuerunt.

Omnis quæstus qui ex illa negotiatione pro-
cedit, societati compendio erit, non is autem
quem socii aliunde faciunt.

Æs autem alienum non aliter sociis erit commune quam si ex ea negotiatione descendit.

SECTIO IV.

De societate vectigalium.

Hæc societatis species non differt multum a
præcedenti, nisi quod proprium est huic societati, ut morte unius ex sociis non solvatur,
sed inter superstites permaneat, imo vero et si
ab initio ita paciscitur, heres defuncti, de-
functo socio succedat.

SECTIO V.

De societate unius.

Quinta societatis species est societas unius
rei, ut puta unius prædii, vel justæ hæreditatis
quæ alterutri obvenerit.

In hac societate, sicut in societate unius negotiationis, illud demum lucrum damnumve conferendum est, quod circa illam rem agitur.

CAPUT III.

DE JURE SOCIORUM ET PRO SOCIO ACTIONE.

In re communi neminem, Sabinus ait, dominorum jure facere quisquam, invito altero, posse, unde manifestum est jus prohibendi esse.

Si ergo, secundum Pomponii verba, fundus mihi tecum communis sit et in eum mortuum intuleris, agam tecum pro socio.

Qui admittit socium ei tantum socius qui admisit, et recte. Quum enim societas contrahitur, socius mihi esse non potest quem ego socium esse nolui. Quid ergo si socius meus admisit? Ei soli socius est.

Nam, ut concinne Ulpianus dixit. « Socii mei socius, meus socius non est. »

Quidquid igitur de societate nostra obtinuerit, cum illo qui eum assumpsit communicabit, nos cum eo non communicabimus.

Sed factum ejus præstabitur societati, id est aget socius, et societate præstabit quod fuerit consecutus. E contrario, factum quoque sociorum debet ei præstare sicut suum, quia ipse adversus eos habet actionem.

Actio pro socio ex contractu societatis tantum nascitur, non ex qualicumque consortio. Unde Ulpianus. « Ut sit pro socio actio, societatem intercedere oportet. Nec enim sufficit rem esse communem, nisi societas intercedit. Communiter autem res agi potest etiam citra societatem, ut evenit in re duobus legata; item si a duobus simul empta res sit; aut si hæreditas vel donatio communiter nobis obvenit. »

Cum tractatu habito societas coita est, pro socio actio est; cum sine tractatu, in re ipsa et negotio, communiter gestum videtur.

In hæredem quoque socii pro socio actio competit, quamvis hæres socius non sit. Licet enim socius non sit, attamen emolumenti successor est.

Si plures inter eosdem societates coitæ sunt, ad omnes societates sufficere hoc unum judicium constat.

Hoc imprimis præstandum venit in actione pro socio, ut ejus quod socius societati debet, partem socio præstare tenetur.

Debet autem quis societati vel quod e medio tulit, vel si quid lucrifecerit quod conferendum sit.

Omne æs alienum quod manente societate contractum est, de communi solvendum, Pau-

lus ait, licet posteaquam societas distracta
est, solutum sit. Igitur, etsi sub conditione pro-
miserat, et distracta societate conditio extitit,
ex communi solvendum est. Si unus ex sociis,
qui non totorum bonorum socii erant, communem pecuniam fœneraverit usurasque perce-
perit; ita demum usuras partiri debet, si societatis nomine fœneraverit. Nam si suo nomine,
quoniam sortis periculum ad eum pertinuerit,
usurasque ipsum retinere oportet.

Nimirum, siquid unus ex sociis necessario de
suo impendit, in communi negotio, judicio societatis servabit, et usuras, si forte mutuatus
sub usuris, dedit.

Sed etsi suam pecuniam dedit, non sine
causa dicetur quod usuras quoque percipere
debeat, quas posset habere, si alii mutuum
dedisset.

Etiamsi non universorum bonorum socii
sint, attamen in id quod facere possunt condemnari oportet.

Hoc enim æquum videtur, cùm societas contractus bonæ fidei sit, et habeat in se jus quo-
dammodo fraternitatis.

Sed id quod socius facere potest quemadmodum æstimandum sit?

Et placuit non debere deduci æs alienum
quod debetur a socio. Ita et Marcellus scripsit :
« Nisi forte, inquit, ex ipsa societate debeatur. »

Tempus autem spectamus, quantum facere socius possit, rei judicandæ.

Hoc quoque facere quis posse videtur, quod dolo fecit quominus possit.

Nec enim æquum est dolum suum quemquam relevare. Si tamen non dolo, sed culpa sua facere posse desiit, dicendum est condemnari non debere.

Plerumque concurrit actio pro socio cum actione communi dividundo. Nam si secum societas mihi sit, et res ex societate communes, quam impensam in ea fecero, quosve fructus ex his rebus ceperis, vel pro socio, vel communi dividundo, nec consecuturum et altera actione, alteram tolli, Proculus ait.

Quod sic accipere debemus secundum hæc Ulpiani verba. « Si actum sit communi dividundo, non tollitur pro socio actio, quoniam pro socio et hominum rationem habet, et ad judicationem non admittit. Sed si postea pro socio, egeris, hoc minus ex ea actione consequeris, quam ex prima actione consecutus es. »

Item, aliquando concurrit actio pro socio cum legis Aquiliæ actione.

Si damnum in re communi socius dedit, Aquilia tenetur; nec illa impediet actionem pro socio. Actione pro socio autem consequitur, ut altera actione contentus esse debeas, quia utraque actio ad rei persecutionem respicit ; non, ut furti, ad pœnam duntaxat.

Quod intelligendum est si nihil amplius sit in actione quæ posteriori loco directa est. Hoc enim casu posses ea, deducto quod jam ex priori actione consecutus es, agere.

Concurrit etiam interdum actio pro socio, cum actione furti et conditione furtiva.

Rei communis nomine, cum socio, furti agere possumus, si per fallaciam, dolove malo rem communem amovit, nec altera actio alteram consumit.

Item, si conditionem furtivam intendero, cessabit pro socio actio; nisi pluris mea intersit.

CAPUT IV.

QUIBUS MODIS SOLVITUR SOCIETAS.

Societas solvitur ex personis, ex rebus, ex voluntate, ex actione.

§ 1er. — Ex personis.

Morte unius socii societas dissolvitur, etsi consensu omnium coita sit, et plures super-

sint; nisi in ineunda societate aliter conve-
nerit, nec hæres socii succedit.

In societate autem vectigalium etiam post
obitum socii manet societas, sed ita demum si
pars defuncti ad personam hæredis ejus ad-
scripta sit, ut hæredis quoque conferri oporteat.

Quamvis hæres socii, socius non sit, nihil
tamen eum vetat ea quæ per defunctum in-
choata sunt persequi.

Plane si hi qui sociis hæredes extiterint, ani-
mum inierint societatis in ea hæredidate novo
consensu, quod postea gesserint, efficitur, ut
in pro socio actionem deducatur

Pariter solvetur societas maxima aut media
capitis diminutione.

Publicatione quoque distrahi societatem manifestum est, scilicet si universa bona publi-
centur. Nam cum in ejus locum alius succedit,
pro mortuo habetur.

Minima autem capitis diminutione non solvetur.

Ideo si filiusfamilias societatem coierit,
deinde emancipatus a patre fuerit, nihilomi-
nus eamdem societatem durare Julianus scripsit. Item, societas quemadmodum ad hæredes
socii non transit, ita nec ad adrogatorem; ne
alioquin invitus quis socius efficiatur cui non
vult.

§ 2. — Ex rebus.

Ex rebus solvitur societas, quum res qua-
rum societas contracta est intereunt. Res vero
intereunt, cum aut nullæ relinquantur, aut
conditionem mutaverint; neque enim ejus rei,
quæ jam nulla sit, quisquam socius est, neque
ejus quæ consecrata publicatave sit.

Item dirimitur societas egestate unius socii
« Nam bonis a creditoribus venditis unius socii,
distrahi societatem, Labeo ait. »

Huc etiam pertinet, quod si alicujus rei societas contracta sit, et finis negotio imponitur,
finitur societas.

§ 3. — Ex voluntate.

Voluntate distrahitur societas, renuntiatione,
Paulus dissensu dixit solvi societatem; hoc ita
ut, si omnes dissentiunt.

Quid ergo si unus renuntiet? Cassius scripsit eum qui renuntiaverit societati, a se quidem
liberare socios suos, se autem ab illis non liberare.

Quod ita accipiendum est, si quis callide in
hoc renuntiaverit, ut obveniens aliquod lucrum solus habeat. Veluti si totorum bonorum
socius, cum ab aliquo esset relictus, in hoc re-

2

nuntiaverit societati ut hæreditatem solus lucrifaceret, cogitur hoc lucrum communicare.

Si quid autem post renuntiationem acquisierit, soli conceditur.

Debet renuntiatio, ut renuntiantem a societate liberet, esse bona fide et tempestive facta.

« Si, ut ait Labeo, unus ex sociis renuntiaverit societati eo tempore quo interfuit socii non dirimi societatem, committere eum in pro socio actionem. »

Quid tamen si hoc convenit ne abeatur? An valeat? « Eleganter Pomponius scripsit, frustra hoc convenire. Nam etsi non convenit, si tamen intempestive renuntietur societati, esse pro socio actionem. »

§ 4. — Ex actione.

Actione distrahitur societas, cum aut stipulatione, aut judicio mutata sit causa societatis

Proculus enim ait : « Hoc ipso, quod judicium ideo dictatum est, ut societas distrahatur, renuntiatam societatem, sive totorum bonorum, sive unius rei coita sit. »

POSITIONES.

I. Societas non vice personæ fungitur, nisi hanc vim a legibus acceperit.

II. Cum nihil de partibus lucri et damni socii convenerint, æquales sunt, id est pro numero virorum.

III. Si socius cum socio judicio societatis agat, non plus actor consequitur quam adversarius ejus facere potest.

IV. In condemnatione socii, nisi quod ex ipsa societate debeatur, æs alienum non deducitur, nec cavetur ne egeat socius.

V. Cum concurrit actio pro socio cum actione communi dividundo, altera alteram tollit, nisi aliquid sit amplius in actione qua posteriori loco agitur.

VI. Leges 63, *Pro socio*, lib. xvii, tit. II, et 16, lib. xlii, *De re judicata*, inter se conciliari possunt.

DROIT FRANÇAIS.

DU CONTRAT DE MARIAGE.

PREMIÈRE PARTIE.

DISPOSITIONS GÉNÉRALES.
(Code Nap., art. 1387 à 1398. — Code de comm., art. 67-68.
— Loi du 10 juillet 1850.)

Un des contrats qui par son importance devait fixer au plus haut degré l'attention du législateur, c'est assurément le contrat de mariage, qui a une si large part dans la constitution de la famille et par suite dans celle des sociétés.

Sous l'ancien régime, le mariage était tout à la fois un contrat civil et un contrat religieux, soumis pour sa validité aux règles du droit civil des ordonnances et aux préceptes du droit canonique.

La révolution de 1789, voulant rendre l'État indépendant de l'Église, proclama une séparation complète entre la loi civile et la loi religieuse, et peu de temps après, la Constitution du 3–14 septembre 1791 consacra ce nouveau principe, auquel notre Code est demeuré fidèle :
« La loi ne considère le mariage que comme
« un contrat civil. »

Mais à côté de ce contrat moral, qui a pour objet l'union des personnes, s'en place un autre qu'on appelle plus spécialement contrat de mariage, et qui a pour objet le règlement des intérêts pécuniaires des époux au point de vue de leur contribution aux charges du mariage.

C'est ce dernier contrat qui fait l'objet de cette thèse. Dans une première partie, nous en verrons les dispositions générales; dans une seconde partie, nous étudierons les dispositions spéciales de la communauté conventionnelle.

Avant 1789, deux régimes de mariage se partageaient la France.

Dans les provinces du Midi, ou pays de droit écrit, où la fusion avec l'élément romain avait été plus complète, où les institutions avaient subi un mélange plus profond, le régime dotal était le régime presque universellement adopté; dans le Nord, au contraire, où les coutumes germaniques avaient eu une plus grande influence, la communauté, régime moins exclusif et plus favorable à la femme, avait dû être souveraine.

A l'époque de la rédaction du Code, le projet primitif gardait le silence sur le régime dotal, mais les partisans du droit écrit élevèrent de vives réclamations, et le Conseil d'État, malgré son aversion pour ce régime, fut obligé de déclarer que les règles principales du régime dotal seraient développées comme celles de la communauté, et que les époux auraient le droit de donner la préférence au mode qui serait le plus de leur choix ou de leur convenance.

Mais lorsque les époux n'avaient pas fait de contrat, quel est celui de ces deux régimes qui devait former le droit commun?

Sur ce terrain, là lutte se renouvela avec énergie entre les députés du Midi et ceux du Nord et du Centre, et après des débats soutenus avec autant d'opiniâtreté de part et d'autre, la victoire demeura enfin à ces derniers, et le régime de la communauté devint le droit commun de la France.

C'est à la suite de l'art. 1391, qui contient une dérogation au régime dotal, que nous allons placer nos observations sur la loi du 10 juillet 1850.

Avant cette loi, aucune obligation de publicité n'existant pour les contrats de mariage des non commerçants; il en résultait de très-graves inconvénients, que la pratique avait déjà signalés, mais contre lesquels elle restait impuissante et désarmée.

Le régime de la communauté est sans contredit le plus favorable aux créanciers; la femme mariée sous ce régime, et dûment autorisée, est aussi capable que si elle était veuve ou fille majeure.

Aussi, la femme mariée sous le régime dotal qui voulait emprunter une somme, contracter un engagement sur ses biens, déclarait n'avoir point fait de contrat. Puis, une fois l'argent touché et l'hypothèque consentie ou l'inscription prise sur les immeubles, elle venait déloyalement exhiber un contrat de mariage où le régime dotal était stipulé, et invoquer le bénéfice d'une garantie spéciale qui mettait à l'abri sa fraude et sa duplicité.

C'était là tout à la fois un piége tendu à la bonne foi, une atteinte grave au crédit public, qu'il importait de faire cesser.

Tel a été le but de la loi du 10 juillet 1850,

due à l'initiative de deux éminents professeurs de notre faculté, MM. Valette et Demante (1).

D'après les prescriptions de cette loi, toutes les fois que l'acte de célébration de mariage portera que les époux se sont mariés sans contrat, la femme sera réputée, à l'égard des tiers, capable de contracter dans les termes du droit commun, à moins que dans l'acte qui contient son engagement, elle n'ait déclaré avoir fait un contrat,

On a critiqué ces expressions de droit commun, on a prétendu qu'elles semblaient se rapporter à la communauté légale ; mais observons d'abord que ces mots se trouvent au-dessous d'une phrase où il est question du régime dotal, et que d'ailleurs, s'il pouvait être question du régime de la communauté, l'addition à l'art. 1391 devenait inutile, puisque dans ce cas, il suffisait aux tiers pour n'appréhender aucune surprise, d'exiger la signature de la femme dans l'acte.

Cette loi exige aussi que le notaire qui reçoit le contrat des parties, leur donne lecture du dernier alinéa de l'art. 1391, ainsi que du dernier alinéa de l'art. 1394. Mention de cette lecture sera faite dans le contrat, à peine de

---

(1) *Moniteur* du 17 juin 1850, Rapport de M. Valette au nom de la Commission présidée par M. Demante.

10 francs d'amende contre le notaire contrevenant.

Il doit en outre délivrer aux parties, au moment de la signature du contrat, un certificat sur papier libre et sans frais, énonçant ses noms et lieu de résidence, les noms, prénoms, qualités et demeures des futurs époux, ainsi que la date du contrat. Ce certificat indiquera qu'il doit être remis à l'officier de l'état civil avant la célébration du mariage.

Il faut que l'officier de l'état civil, avant de procéder à la célébration du mariage, interpelle les futurs époux, ainsi que les personnes qui autorisent le mariage, d'avoir à déclarer s'il a été fait un contrat de mariage, et, dans le cas de l'affirmation, la date de ce contrat, ainsi que les noms et lieu de résidence du notaire qui l'a reçu ;

Que l'acte de mariage contienne la déclaration faite sur l'interpellation prescrite par l'article précédent ; à peine, contre l'officier de l'état civil, de l'amende fixée par l'art. 50 du Code Napoléon.

Dans le cas où la déclaration aurait été omise ou serait erronée, la rectification de l'acte en ce qui touche l'omission ou l'erreur pourra être demandée par le procureur impérial, sans préjudice du droit des parties intéressées, conformément à l'art. 99.

Nous allons maintenant essayer de rapprocher de ce qui précède les art. 67 et 68 du titre IV du Code de commerce, portant pour rubrique : Des Séparations de biens.

Il s'agit dans ce titre, non-seulement des séparations de biens, mais aussi de l'obligation imposée aux commerçants de publier le régime qu'ils ont adopté dans leur contrat de mariage.

On comprend sans peine toute la sagesse de cette mesure. Combien n'importe-t-il pas en effet aux tiers de connaître le régime sous lequel les époux sont mariés. De là résultera le crédit plus ou moins grand qui leur sera accordé.

La femme est-elle marchande publique et contracte-t-elle pour son négoce avec l'autorisation de son mari ; s'il y a communauté entre eux, elle oblige aussi son mari. Les époux sont-ils mariés sous le régime dotal? Les biens de la femme sont inaliénables et imprescriptibles ; les créanciers n'ont pas à y compter. Y a-t-il séparation de biens ; la femme conserve la pleine propriété de ses meubles et de ses immeubles. Si les créanciers, séduits par les apparences de luxe qui règnent dans le domicile conjugal ont traité avec le mari et se présentent ensuite pour réclamer l'exécution des engagement pris envers eux, ils sont écartés par la femme, qui s'oppose à toute saisie-exécution sur le mobilier qui lui appartient. Sous le régime de la communauté, au contraire, le créancier peut poursuivre sur le mari tous les biens qui font partie de la communauté.

Bien avant la rédaction du Code de commerce de 1807, la célèbre ordonnance de mars 1673, rédigée par Savary sous l'impulsion de Colbert, s'était déjà, dans son titre VIII, art. 1er, occupée de cette question de publicité pour les contrats des commerçants.

Qu'il nous soit permis de reproduire ce texte si précis : « Dans les lieux où la communauté « d'entre mari et femme est établie par la cou- « tume ou par l'usage, la clause qui y dérogera « dans les contrats de mariage des marchands « grossiers ou détailleurs, et des banquiers, sera « publié à l'audience de la juridiction consu- « laire, s'il y en a, sinon dans l'assemblée de « l'hôtel commun des villes, et inséré dans un « tableau exposé en lieu public, à peine de nulli- « té, et la clause n'aura lieu que du jour qu'elle « aur été publiée et enregistrée (art. 1er.). »

Ainsi d'après cet article, toute clause qui déroge à la communauté dans les contrats des marchands ou des banquiers doit être rendue publique.

On s'est demandé dans l'intérêt de qui était exigé la publication, lorsque les époux étaient mariés sous le régime de la communauté. Sans doute ce n'est pas l'intérêt des tiers qui a été pris en considération, puis qu'aucun autre régime ne leur est plus favorable ; non, mais c'est l'intérêt des époux eux-mêmes qui en a été le mobile ; c'est la conservation de leur crédit qu'on a voulu ménager.

A cet effet, aux termes de l'art. 67, un extrait du contrat de mariage indiquant le régime sous lequel les époux sont mariés, et sans qu'il soit besoin d'énoncer le montant des apports respectifs, doit être remis selon les hypothèses que nous établirons ci-après, soit par le notaire dans le mois de la date du contrat de mariage, soit par l'époux commerçant dans le mois de l'ouverture de son commerce, aux greffes des tribunaux de première instance et de commerce du domicile conjugal, ou s'il n'y a pas de tribunal de commerce, au secrétariat de la maison commune du même domicile, pour être inséré sur un tableau à ce destiné, et exposé pendant un an dans l'auditoire desdits tribunaux, ou bien dans la principale salle de la maison commune, dans le cas où il n'y a pas de tribunal de commerce. Conformément aux articles 67, C. comm., et 872, C. de proc. civile, pareil extrait est remis aux chambres des avoués et notaires, pour être inséré aux tableaux exposés en lesdites chambres.

Deux hypothèses doivent être soigneusement distinguées :

1re *Hypothèse.* — Un des époux est commerçant au moment du contrat de mariage.

Quel que soit le régime adopté par les époux, qu'il y ait régime dotal ou régime de séparation de biens, régime sans communauté ou régime de communauté, s'ils ont fait un contrat, le notaire sera tenu de faire la remise ordonnée par les articles précités, sous peine de 100 fr. d'amende et même de destitution et de responsabilité envers les créanciers, s'il est prouvé que l'omission soit la suite d'une collusion (Code comm., art. 68).

2e *Hypothèse.* — L'un des époux embrasse la profession de commerçant postérieurement à son mariage. Dans ce cas, dit l'art. 69 du Code de commerce, l'époux séparé de biens, ou marié sous le régime dotal, qui embrasserait la profession de commerçant postérieurement à son mariage, sera tenu de faire pareille remise dans le mois du jour où il aura ouvert son commerce.

L'ancien art. 69 de l'ordonnance de 1673, qui a été remplacé par le texte nouveau, en exécution de la loi du 28 mai 1838, édictait une sanction très-rigoureuse en cas de contravention aux dispositions qui précèdent; il condamnait les contrevenants à la peine des banqueroutiers frauduleux, c'est-à-dire aux travaux forcés à temps (Code pénal, art. 402). Cette sévérité a paru excessive au législateur de 1838, et il a reculé devant son maintien, comme tout jury aurait reculé devant son application.

L'art. 69 ne parle pas du régime de la communauté, parce que, dans ce cas, la publication n'étant exigée que dans l'intérêt des époux, il eût été peu rationnel de leur infliger une peine pour n'avoir pas fait ce qui n'était commandé que dans leur seul intérêt.

Mais, après avoir parlé des conditions de publicité ordonnées en vertu de la loi du 10 juillet 1850 et du titre IV du Code de commerce, revenons à notre art. 1391.

A la lecture de cet article, on serait tenté de croire qu'il n'y a que deux régimes de mariage; cependant, il y en a quatre bien distincts et bien caractérisés, qui sont :

1° Le régime de la communauté;

2° Le régime dotal;

3° Le régime sans communauté;

4° Le régime de séparation de biens.

Si placés, comme ils le sont, dans la dernière section de la communauté conventionnelle, les deux derniers régimes semblent plutôt des modifications de la communauté légale, que des régimes distincts, cette anomalie ne peut s'expliquer qu'historiquement : c'est que nos anciens auteurs, Pothier et Lebrun, en faisaient une annexe de leurs traités sur la communauté, et que le Code, en les suivant de trop près, a reproduit les mêmes erreurs.

De tous ces régimes, la communauté légale est donc le droit commun de la France.

Toutes les fois que les parties ont simplement déclaré qu'elles se marient sous le régime de la communauté ou qu'elles n'auront pas fait de contrat, on leur appliquera toutes les règles de la communauté légale contenues dans le chapitre II, art. 1399-1497.

Elles seront censées, dans ce dernier cas, avoir tacitement adopté ce régime.

Le régime de la communauté triompha, parce que son origine était nationale, ancienne : car, déjà, au xiiie siècle, Beaumanoir nous dit que son usage était enraciné ; parce qu'enfin elle intéresse la femme à la prospérité du ménage, en lui laissant une part dans les bénéfices réalisés par sa vigilance et par son économie.

Quant au régime dotal, disons que la dot est, sous ce régime comme sous tous les autres, les biens que la femme apporte au mari pour soutenir les charges du mariage ; qu'il n'y a pas de corrélation nécessaire entre les mots *régime dotal* et *dot* ; qu'il peut même y avoir régime dotal sans qu'il y ait dot ; mais que la simple stipulation que la femme se constitue ou qu'il lui est constitué des biens en dot ne suffit pas pour soumettre ces biens au régime dotal, s'il n'y a dans le contrat de mariage une déclaration expresse à cet égard.

Évidemment, par déclaration expresse, la loi n'entend pas nous astreindre à n'employer que des formules sacramentelles et rigoureuses, elle veut seulement que la volonté des parties soit clairement manifestée, qu'il n'y ait à ce sujet aucun doute, aucune équivoque possible.

C'est ce qui arrivera si, par exemple, la femme, après avoir énuméré limitativement les biens qu'elle se constituait en dot, déclarait que tous ses autres biens seraient paraphernaux.

Il résulte aussi de l'art. 1392, que si une simple stipulation que la femme se constitue ou qui lui est constituée des biens en dot ne suffit pas pour soumettre ces biens au régime dotal, à plus forte raison ce but ne sera pas atteint lorsque les époux auront déclaré qu'ils se marient sans communauté ou qu'ils seront séparés de biens.

On peut adopter d'une manière générale, le régime de la communauté ou le régime dotal, et même le régime sans communauté, ou le régime de séparation de biens; mais pourrons nous stipuler de la même manière que nous voulons que notre association soit réglée par l'une des coutumes, lois, statuts locaux qui régissaient les diverses parties du territoire français? Non, ces lois, coutumes ou statuts locaux sont abrogés par l'art. 1390, Code Nap., et par l'art. 7 de la loi du 30 ventôse an XII.

Le Code veut nous ramener à une unité de législation; il ne veut pas que l'on puisse faire revivre les coutumes des temps passés, coutumes qui étaient si nombreuses et si diverses qu'elles faisaient dire à Voltaire : « Lorsqu'un homme voyage en France, il change de lois presque autant de fois qu'il change de chevaux. »

Sans doute, rien n'empêchera pour cela de transcrire dans un contrat de mariage les dispositions de telle ou telle coutume, de tel ou tel statut local; ces dispositions s'exécuteront comme toutes autres conventions des parties, si elles n'ont rien de contraire aux mœurs ou de réprouvé par les lois particulières.

D'après l'opinion de M. Toullier, si on ne pouvait se référer aux coutumes d'une manière générale, on pouvait du moins s'y référer d'une manière particulière; mais cette opinion de M. Toullier a été rejetée comme contraire à l'esprit du Code (arrêt de la cour de Poitiers du 16 mars 1826 ; arrêt de la cour de cassation du 28 août 1833).

Cependant est-on obligé de se soumettre rigoureusement à l'un des quatre régimes que nous avons énumérés ci-dessus? Nullement. On peut les combiner, les modifier à sa guise, avec toute liberté, sans autres limites que celles qui sont imposées par les lois et les bonnes mœurs. Les époux jouissent même de certaines prérogatives qui sont interdites dans les autres contrats de droit commun.

C'est ainsi que le mineur habile à contracter mariage peut consentir toutes les conventions dont ce contrat est susceptible, faire des donations à son conjoint, pourvu qu'il soit assisté des personnes dont le consentement est nécessaire à la validité du mariage ; c'est ainsi qu'à la différence de ce qui a lieu dans les sociétés ordinaires, les futurs époux peuvent faire entrer en communauté leurs biens à venir pour la pleine propriété; stipuler que la totalité de la communauté appartiendra à l'un d'eux, à la charge d'en acquitter les dettes.

Mais sous un autre rapport, leur liberté est plus restreinte, car ils ne pourront pas convenir que l'un d'entre eux supportera dans les dettes une part qui ne serait pas l'équivalent de ce qu'il prend dans les bénéfices; ils ne pourront non plus convenir que les donations qu'ils se feront seront irrévocables, ou que la femme renoncera à toute hypothèque sur les biens du mari (art. 2140).

A ces restrictions viennent se joindre quelques autres, édictées par l'art. 1388 et 1389.

Ainsi la loi prohibe toute convention contraire :

1° Aux bonnes mœurs ou à l'ordre public (art. 6, art. 1133-1833) ;

2° Aux droits de la puissance maritale ; par exemple, au droit qu'a le mari d'élire le domicile commun (art. 214), celui d'autoriser sa femme à contracter ou à ester en justice (articles 215-217) ;

3° Au droit du mari de poursuivre l'adultère de sa femme, ou au droit de la femme de poursuivre celui du mari ;

4° A tout ou partie du droit du mari d'administrer la communauté (art. 1421) ;

5° Aux droits de la puissance paternelle : par exemple, au droit de correction sur la personne des enfants (art. 373), de jouissance sur leurs biens (art. 334), au droit de consentir leur mariage ou leur émancipation (art. 148, art. 377) ;

6° Au droit du survivant d'être nommé tuteur (art. 390), en un mot, à tous les autres droits qui leur ont été conférés par des articles spéciaux du Code.

Peut-on convenir que les enfants seront élevés, les garçons, dans la religion du père, les filles dans celle de la mère? Non, cette clause n'aurait aucune valeur, quoiqu'on soit tenu de faire ce qu'on promet dans un contrat de mariage. On s'est fondé sur l'art. 203, qui impose aux époux l'obligation d'élever leurs enfants, pour soutenir que ce droit appartenait au père comme à la mère.

Mais ne pourrait-on pas répondre à ceux qui pensent ainsi, avec l'art. 373, au titre de la Puissance paternelle, que le père exerce seul toute autorité pendant le mariage et que ce serait une dérogation à ce droit.

D'ailleurs, nous ne pensons pas que cette question soit même une question de droit de nature à être soumise aux tribunaux.

Les époux pourront-ils renoncer à l'usufruit légal que la loi leur accorde jusqu'à dix-huit ans, ou jusqu'à leur émancipation sur les biens de leurs enfants? Non, cet usufruit est un attribut inséparable de la puissance paternelle ; les époux ne pourront pas plus y renoncer qu'ils ne pourraient l'aliéner ou l'hypothéquer.

Telle était l'opinion soutenue par M. Treilhard, dans la discussion du projet du Code.

Ils ne peuvent non plus faire aucune convention ou renonciation dont l'objet serait de changer l'ordre légal des successions, soit par rapport à eux-mêmes, dans la succession de leurs enfants ou descendants, soit par rapport à leurs enfants entre eux. Ils ne pourront pas dire, par exemple; le père héritera des garçons, la mère héritera des filles ; ou bien ; le petit-fils héritera avant le fils, sans préjudice, bien entendu, des libéralités qu'ils peuvent leur faire soit avant, soit durant le mariage.

Toutes les conventions matrimoniales sont rédigées avant le mariage, par acte devant notaire.

La loi exige l'intervention du notaire, parce qu'elle veut, pour en assurer l'immutabilité, que la date d'un acte aussi important soit constatée par un officier public; qu'il en reste minute; et que l'attention des parties soit éveillée par la solennité même qui accompagne l'impérieuse exigence de toutes ces formalités.

La loi du 21 juin 1843 sur la forme des actes notariés ne peut être invoquée ici.

La présence de deux notaires, ou d'un notaire et de deux témoins, exigée à peine de nullité par l'art. 2 de cette loi, ne s'appliquera pas au contrat de mariage, qui continue à être régi par l'art. 9 de la loi du 25 ventôse an XI.

En effet, bien que cette loi, dans son énumération, mentionne les donations qui peuvent se trouver bien souvent dans les contrats de mariage; elle ne parle cependant pas de ce contrat, et il ne nous est permis de rien induire de son silence.

Les conventions doivent être rédigées avant le mariage.

Le Code ici a suivi les principes du droit coutumier.

Les conventions matrimoniales devront être faites avant la foi baillée, *ne*, dit Ulpien, *mutuato amore invicem spoliarentur*. Si le contrat de mariage doit être rédigé avant le mariage, il peut l'être le jour même du mariage, mais pourvu que le notaire ait soin, dans ce cas, d'indiquer l'heure à laquelle la célébration a eu lieu.

Cette décision de la loi est on ne peut plus raisonnable, car c'est à ce moment que chacun des époux jouit d'une indépendance assez grande l'un vis-à-vis de l'autre pour débattre le règlement de ses intérêts pécuniaires. Bientôt il n'en sera plus ainsi; l'un va subir l'influence de l'autre ou sa domination.

Aussi, l'art. 1395 nous dit que les conventions matrimoniales ne peuvent recevoir aucun changement après la célébration du mariage. Ne serait-il pas illusoire en effet d'ordonner que les conventions soient rédigées

avant le mariage, si elles pouvaient être modi-
fiées ensuite, au moment où l'un des époux se
trouverait dominé par l'autre?

Et, d'ailleurs, quelle sécurité auraient les
tiers si les conventions pouvaient changer à
chaque instant au gré des parties?

Cependant, jusqu'à la célébration du mariage, le contrat de mariage, qui n'est que l'ac-
cessoire du mariage, peut recevoir des changements ou contre-lettres, mais sous la réunion
des quatre conditions qui suivent:

1° Il faut qu'ils soient faits dans la même
forme que le projet qu'ils modifient; c'est-à-
dire par-devant notaire et en présence de témoins, sans qu'il soit nécessaire que ce soit le
même notaire et les mêmes témoins;

2° Qu'ils soient faits en la présence et avec
le consentement simultané de toutes les personnes qui ont été parties dans le premier contrat, simultané: parce que la loi craint qu'il
ne soit trop facile d'arracher des adhésions
individuelles;

3° Qu'ils soient écrit à la suite de la minute
de l'acte qui constate le contrat primitif;

4° Que toute expédition du contrat modifié
délivré par le notaire contienne la mention
des changements.

Si les deux premières formalités manquent, le
contrat est nul *erga omnes*; si les deux pre-

mières existent et que la troisième fasse défaut, le contrat est valable *inter partes*, et nul à l'égard des tiers; enfin, si la troisième existe, le contrat est valable aussi à l'égard des tiers.

La quatrième ne concerne que la responsabilité du notaire qui sera passible des dommages et intérêts des parties et même d'une peine disciplinaire.

M. Toullier soutient que si le notaire oublie de transcrire les changements à la suite de l'expédition qu'il délivre, les parties ne pourront point opposer aux tiers la contre-lettre.

Ce mot contre-lettre n'a pas ici le même sens que dans l'art. 1321; il est pris dans un sens large, et désigne tous les changements, toutes les modifications en général. L'opinion de M. Toullier a été repoussée par beaucoup d'auteurs.

Observons toutefois, que les notaires ne peuvent délivrer des expéditions que lorsqu'ils seront avertis que le mariage a été célébré, car jusque-là les futurs conjoints peuvent adopter des changements qui nuiraient aux tiers; que si les époux délivrent eux-mêmes une expédition qui ne contient pas la modification apportée, ils ne pourront pas opposer le changement aux tiers; que si, au contraire, l'expédition était délivrée directement par le notaire, le défaut d'insertion du changement sera opposable aux tiers, qui auront recours contre le notaire, car il n'y a rien à reprocher aux parties.

Mais quelles sont les personnes parties dans un contrat de mariage? Ce sont: 1° les futurs époux; 2° les ascendants donateurs ou non, quand celui que l'ascendant assiste est mineur de vingt et un an.

Toutes les fois que l'ascendant ne viendra ni compléter la personne du mineur, ni faire une donation, il ne sera pas partie au contrat, il sera considéré comme tout autre témoin honoraire. Cette distinction est fort utile. Si, en effet, une des personnes parties au contrat refuse son adhésion au changement, il faudra examiner en quelle qualité elle figurait au contrat. Comme futur époux ou comme ascendant d'un mineur de vingt et un ans, le changement sera nul; si c'est en qualité de donateur, le changement ne sera pas nul, mais on sera obligé de renoncer à la donation.

Qu'arrivera-t-il si l'une des parties est interdite ou décédée? Si c'est un des futurs époux, tout sera arrêté; si c'est un ascendant d'un mineur de vingt et un ans, le consentement du survivant suffira.

Ainsi le mineur, assisté des personnes dont le consentement est nécessaire pour la validité du mariage, peut faire toutes les conventions dont ce contrat est susceptible.

Puisqu'il n'y a pas de minorité pour le mariage, a dit M. Simon, il ne doit pas y avoir de minorité pour les conventions de mariage. C'est ce que rendait si bien cet adage attribué à Dumoulin : *Hahilis ad nuptias, habilis ad pacta nuptialia.*

Le législateur n'a pas voulu diviser la capacité du mineur quant au mariage et au contrat de mariage. Une exception pourtant existe à ce principe : le prodigue pourvu d'un conseil judiciaire peut se marier sans être assisté de ce conseil ; mais il ne pourrait pas sans lui consentir des donations au profit de son futur conjoint.

Ici ce n'est plus le tuteur ni le curateur qui assistent le mineur, c'est son ascendant, dont le consentement est requis pour la validité du mariage.

Quand il s'agira d'un enfant naturel, il sera assisté par un tuteur *ad hoc*, et quand le mineur n'aura pas d'ascendants il sera assisté par un conseil de famille.

Mais le conseil de famille peut-il se contenter de déléguer un de ses membres au contrat de mariage ? Non : la Cour de cassation, par un arrêt du 15 novembre 1858, a cassé l'arrêt de la Cour de Bourges, qui avait déclaré valable la délégation de l'un des membres. Un membre du conseil de famille peut être délégué pour signer seulement, mais les conventions doivent être débattues et arrêtées auparavant dans le sein du conseil de famille.

DEUXIÈME PARTIE.

DE LA COMMUNAUTÉ CONVENTIONNELLE, ET DES CONVENTIONS QUI PEUVENT MODIFIER LA COMMUNAUTÉ LÉGALE.

(Code Nap., art. 1497 à 1528.)

La communauté conventionnelle est celle dans laquelle les parties adoptent dans leur contrat la communauté en principe, mais sous certaines restrictions. Les rédacteurs du Code nous ont donné les clauses les plus usuelles, mais cette énumération, contenue en l'art. 1497, loin d'être limitative, n'est que simplement énonciative. Les époux pourront faire toutes autres conventions pourvu qu'elles n'aient rien de contraire aux lois et aux bonnes mœurs.

Nous comptons huit principales clauses modificatives de la communauté légale, que l'on peut diviser en deux catégories ou familles :

1° Il y en a cinq qui modifient la communauté

quant à sa composition active et passive, ce sont les nᵒˢ 1, 2, 3, 4 et 8 ;

2° Trois qui ont pour but d'avantager l'un des époux, de lui accorder des droits plus étendus, ce sont les nᵒˢ 5, 6 et 7.

C'est sur Pothier que les rédacteurs du Code ont pris la communauté. La communauté conventionnelle est beaucoup plus fréquente que la communauté légale. La communauté légale est, en quelque sorte, le contrat des pauvres ; elle n'est guère appliqué d'une manière absolue que lorsque les futurs époux, n'ayant aucune ressources, se marient sans contrat.

SECTION 1ᵉʳ.

De la communauté réduite aux acquêts.

La communauté réduite aux acquêts est aujourd'hui le régime le plus commun en France ; dans le Midi c'est le régime dotal qui domine, ailleurs c'est le régime sans communauté. La société dite d'acquêts n'est pas d'origine coutumière, elle avait lieu dans le ressort du parlement de Bordeaux.

Lorque le époux stipulent qu'il n'y aura entre eux qu'une communauté d'acquêts, quels sont les biens et quelles sont les dettes qu'ils sont censés exclure de la communauté ? Ils sont censés exclure de la communauté les dettes de chacun d'eux actuelles et futures (futures, c'est-à-dire qui proviendront de successions échues à l'un d'eux), et leur mobilier présent et futur. Contrairement à ce qui a lieu dans la communauté légale, les successions qui leur échoient, les donations qui leur sont faites, les legs dont ils profitent, restent propres tant pour l'actif que pour le passif à l'époux héritier, donataire ou légataire.

Dans la communauté légale, s'il échoit 60,000 fr. dont 20,000 fr. de mobilier, la communauté supportera le tiers des dettes ; mais dans la communauté réduite aux acquêts, la communauté ayant l'usufruit de ces biens sera traitée comme usufruitière. Les apports, sous ce régime, comprennent tout ce que les époux avaient lors du mariage ; lors même qu'ils travailleraient séparément, le profit n'en tombe pas moins dans la masse, mais il faut prélever sur ce profit les charges annuelles qui sont énumérées dans l'art. 1409, en exceptant le 1° de cet article, et en appliquant le 2° de l'art. 1401.

A la dissolution de la communauté, après que chacun des époux a prélevé ses apports dûment justifiés, le partage se borne aux acquêts faits ensemble ou séparément durant le mariage, et provenant tant de l'industrie commune que des économies faites sur les fruits et revenus des deux époux (art. 1498).

L'époux devra faire faire inventaire et constater ce qu'il apporte dans le contrat. La succession est-elle échue au mari; s'il n'a pas fait inventaire, les conséquences fâcheuses de sa négligence retomberont sur lui, le mobilier à lui échu sera considéré comme acquêt. Si c'est à la femme qu'est échue la succession mobilière, c'est le mari qui est tenu de faire inventaire.

A défaut d'inventaire, la femme ou ses héritiers sont admis à faire preuve par tous les moyens en leur pouvoir, soit par titres, par témoins, par papiers domestiques, soit même par la commune renommée.

Avant le mariage, en effet, la femme n'est pas sous la dépendance du mari; elle est de plus aidée des conseils de ses parents ou de ses amis : si elle ne fait pas inventorier son mobilier, elle ne peut en imputer la faute qu'à elle-même. Il n'en est pas de même quand elle se trouve en puissance de mari, c'est à ce dernier, quand une succession échoit à sa femme, à en provoquer l'inventaire.

Cette distinction est d'ailleurs conforme aux principes de l'art. 1348 du Code Napoléon, qui permet de prouver par témoins toutes les fois qu'on s'est trouvé dans l'impuissance physique ou morale de se procurer un écrit constatant son droit.

SECTION II.

De la clause qui exclut de la communauté le mobilier en tout ou en partie.

Le contrat de mariage qui portera que les époux se marient sous le régime de la communauté réduite aux acquêts, sera-t-il bien différent de celui qui énoncera que les époux excluent de la communauté leur mobilier présent et futur et resteront chargés, chacun en ce qui le concerne, de ses dettes actuelles et futures? Non, ces deux clauses seront absolument semblables; l'une sera plus laconique que l'autre, voilà tout.

Dans la section précédente, la communauté est modifiée du côté actif et du côté passif; la section n° 2 la modifie du côté actif; la section n° 4, du côté passif; de là on peut dire que la section n° 1 est la somme des deux sections n°ˢ 2 et 4, et qu'en les réunissant on forme la communauté réduite aux acquêts. N'est-il pas étrange qu'on exclue son mobilier présent et futur, et que l'on exclue aussi ses dettes? Comment donc les payer? N'est-ce pas une anomalie? — Non, disent les uns, les époux ne sont pas tenus de faire des apports égaux ; c'est à l'autre conjoint à ne pas consentir à cette clause d'exclusion.

Suivant d'autres auteurs, le mot futur est trop général, il ne doit s'entendre que des biens acquis par succession, donation ou legs.

Ainsi, d'après cette opinion, la communauté modifiée par cette clause se composera des mêmes choses qui tombent dans la communauté réduite aux acquêts.

La clause qui nous occupe a reçu dans la pratique diverses dénominations, on l'appelle tantôt *exclusion de communauté*, tantôt *stipulation de propres*, tantôt *réalisation*.

L'exclusion de communauté peut être expresse ou tacite. Elle est expresse lorsqu'on dit : « Le mobilier présent sera exclu de la communauté ; elle est tacite si l'on dit : » Le mobilier présent tombera dans la communauté jusqu'à concurrence d'un tiers, ou jusqu'à concurrence de 20,000 francs ; *qui de uno dicit, de altero negat*. On semble par là même en exclure tout le reste.

Clause d'emploi. — Il est un troisième mode de réalisation dont le Code ne parle pas, c'est la clause d'emploi (*Coutume de Paris*, art. 93.) Cette clause a lieu lorsque l'un des époux stipule qu'il sera pris sur son mobilier une certaine somme pour être employée en acquisition d'immeubles ; il semble par cela même exclure implicitement cette somme de la communauté pour se créer des propres.

L'effet de la clause de réalisation est de conserver à l'époux qui l'a stipulée la propriété du mobilier réalisé.

Pothier était d'un avis tout opposé. Voyez le n° 325 de son *Traité sur la communauté*.

« Les mobiliers réalisés, dit-il, ou propres
« conventionnels, se confondent dans la com-
« munauté avec les autres biens mobiliers de la
« communauté, qui est seulement chargée d'en
« restituer, après la dissolution, la valeur à
« celui des conjoints qui les a réalisés. En con-
« séquence, le mari, comme chef de la com-
« munauté, peut aliéner les meubles que la
« femme a réalisés. La réalisation de ces meu-
« bles et leur exclusion de la communauté ne
« consistent que dans une créance de reprise
« de leur valeur, que le conjoint qui les a réa-
« lisés a droit d'exercer, après la dissolution
« de la communauté, contre la communauté
« dans laquelle ces meubles réalisés se sont
« confondus ; et c'est à cette créance de re-
« prise que la qualité de propre conventionnel
« est attachée. Le conjoint n'est pas un créan-
« cier *in specie* de meubles réalisés, il ne l'est
« que de leur valeur. »

Suivant M. Bugnet, sur Pothier, t. VII, p. 192,

Ce jurisconsulte a raison quand il s'agit de choses fongibles, de denrées destinées à être consommées : c'est la valeur qui sera due au conjoint; mais quand il s'agit de meubles meublants, la communauté sera considérée comme usufruitière, et tenue de rendre *in specie* les objets mobiliers dans l'état où ils se trouveront à la cessation de l'usufruit. Le conjoint aura pour exercer cette reprise, non pas un droit de créance, mais un droit de propriété. Si le mari avait aliéné le mobilier et touché le prix, la femme aura une créance contre son mari, et pourra de plus le faire condamner à des dommages-intérêts.

D'après Pothier, si ces objets viennent à périr par cas fortuit, les risques seront pour la communauté, tandis qu'ils doivent être pour le conjoint. C'est ce qui aura lieu toutes les fois que lesdits objets n'auront été que décrits et non estimés.

S'il y a eu estimation, cette estimation vaut vente, et le mari comme chef de la communauté en répond.

Le Code, dans l'art. 1503, paraît avoir admis le système de Pothier, car il dit qu'à la dissolution de la communauté, chaque époux aura le droit de prélever la valeur de ce dont le mobilier qu'il a apporté ou qui lui est échu depuis excédait sa mise en communauté.

Cependant nous pensons qu'il est nécessaire, pour l'interprétation de ce texte, d'admettre les distinctions que nous avons établies plus haut.

Quant à la question de savoir si l'exclusion totale ou partielle du mobilier entraîne, par voie de conséquence, l'exclusion des dettes mobilières dans la même proportion, nous adopterons volontiers l'affirmative déjà soutenue par Pothier dans son n° 352 du *Traité de la communauté*.

Si en effet la communauté légale se trouve chargée des dettes mobilières, c'est qu'elle profite de tous les biens mobiliers; mais lorsque les conjoints n'y ont apporté qu'une certaine somme ou qu'un corps certain, on ne voit pas pourquoi elle serait chargée des dettes qui grèvent la portion exclue.

Clause d'apport. — Il nous reste maintenant à dire quelques mots de la clause d'apport.

Cette clause est celle par laquelle les époux stipulent qu'ils mettront dans la communauté leur mobilier jusqu'à concurrence d'une certaine somme, ou d'une valeur déterminée. Ils deviennent en ce cas débiteurs de la somme qu'ils ont promis d'y apporter, et se réservent le droit, lors de la dissolution de la communauté, de reprendre tout ce qui excédera la mise qu'ils ont voulu faire.

La clause d'apport diffère de la réalisation proprement dite sous plusieurs points de vue.

Dans la réalisation proprement dite, chacun des époux reste, sauf exception, propriétaire du mobilier qu'il a exclu; avec la clause d'apports, c'est la communauté qui devient propriétaire, sauf récompense, des objets réalisés. D'où il suit que le mari, dans le premier cas, ne pourra pas aliéner le mobilier réalisé; qu'il le pourra, dans le second cas; que le *periculum rei* sera, dans la première hypothèse, pour l'époux demeuré propriétaire, et dans la seconde, pour la communauté.

L'apport est effectué pour le mari par la déclaration que son mobilier vaut tel prix. Pour la femme, l'apport ne sera effectué que lorsque le mari aura donné quittance à la femme ou à ses ascendants du montant de son apport.

Le mari peut donner à son mobilier la valeur qu'il veut; c'est à la femme ou à ses ascendants à demander au mari une justification de sa déclaration. Il arrive souvent, dans la pratique, que les notaires insèrent dans le contrat que la célébration du mariage vaudra quittance. C'est au mari à ne pas contracter mariage avant d'avoir donné quittance lui-même.

Le mobilier qui échoit à l'un des époux doit être constaté par un inventaire, suivant les distinctions établies par l'art. 1504 et les observations que nous avons faites sur la communauté réduite aux acquêts.

SECTION III.

De la clause d'ameublissement.

« La convention d'ameublissement est une
« convention par laquelle les parties, ou l'une
« d'elles, font entrer dans leur communauté
« conjugale tous leurs immeubles ou quelques
« uns d'eux (Pothier, n° 303). »

La raison de la clause d'ameublissement,
c'est le rétablissement de l'égalité entre l'apport
des conjoints. L'un a 400,000 francs de mobilier et point d'immeubles, l'autre n'en a que
200,000 francs et beaucoup d'immeubles. Celui
qui aura plus d'immeubles que de meubles
fera entrer dans la communauté des immeubles
jusqu'à concurrence de la valeur du mobilier
apporté par l'autre conjoint, ou jusqu'à concurrence d'une certaine valeur.

Suivant Pothier, l'ameublissement est général ou particulier, déterminé ou indéterminé.

Il y a ameublissement général lorsque les
parties conviennent que les successions, par
exemple, qui leur adviendront pendant la communauté seront communes; il y a ameublisse-

ment particulier lorsque l'on met en communauté quelques immeubles seulement. L'ameublissement général comme l'ameublissement particulier peut être déterminé ou indéterminé, suivant que la communauté devient propriétaire de l'immeuble ou des immeubles ameublis, ou qu'elle devient simplement créancière d'une somme à prendre sur ledit ou lesdits immeubles.

Pour savoir s'il y a ameublissement déterminé ou indéterminé, il faut considérer non pas l'étendue de l'ameublissement, mais son effet. Ainsi, le Code s'est trompé en rangeant parmi les ameublissements déterminés l'ameublissement d'un immeuble, jusqu'à concurrence d'une certaine somme. Il n'y a là qu'un ameublissement indéterminé ; car la communauté n'est pas devenue propriétaire, elle n'est devenue que créancière pour une somme de... Il en serait différemment si l'un des époux avait ameubli un de ses immeubles pour le tiers ou pour le quart ; la communauté deviendrait alors propriétaire indivise avec le conjoint qui a fait l'ameublissement.

Du principe que la communauté devient tantôt propriétaire, tantôt créancière, découlent plusieurs conséquences, suivant que l'ameublissement est déterminé ou indéterminé :

1° Y a-t-il ameublissement déterminé, l'immeuble ou les immeubles ameublis tombent dans la communauté *in specie*; elle en est propriétaire; c'est pour elle qu'ils périssent ou se détériorent;

2° Le mari peut les aliéner ou les hypothéquer comme les autres conquêts;

3° Arrivant la dissolution de la communauté, ils seront compris dans la masse des biens que les époux auront à partager, sauf, conformément à l'art. 1509, la faculté qu'aura l'époux qui les aura ameublis de les retenir, en les précomptant, sur sa part, pour le prix qu'ils vaudront alors.

Il ne faudrait cependant pas prendre à la lettre les termes de l'art. 1507, suivant lesquels les immeubles, dans ce cas, tombent dans la communauté comme les meubles mêmes.

Sans doute ils tombent dans la communauté comme les meubles, mais une fois qu'ils y sont entrés, ils conservent la qualité d'immeubles.

Ainsi le mari ne pourrait pas les aliéner à titre gratuit, à la charge de ne pas s'en réserver l'usufruit, comme il en a le droit pour les meubles, d'après l'art. 1422.

L'ameublissement est-il, au contraire, indéterminé:

1° La communauté n'a qu'un droit de créance limité au montant de la somme dont se trouvent grevés l'immeuble ou les immeubles ameublis, avec cette différence seulement qu'elle pourra les hypothéquer jusqu'à concurrence de cette somme;

2° Le payement de ladite somme ne peut être poursuivi que sur l'immeuble ou les immeubles ameublis, et non sur tous les biens présents et à venir du débiteur;

3° Si les immeubles viennent à périr par cas fortuit, la perte sera pour la communauté.

Si l'ameublissement indéterminé ne portait que sur un seul immeuble, ce qu'on appelle dans la pratique un *assignat limitatif*, la détérioration partielle de cet immeuble, en supposant que le restant ne fût pas suffisant pour satisfaire la communauté, lui ferait subir une perte proportionnelle. S'il y avait plusieurs immeubles, la perte d'un de ces immeubles ne causerait préjudice à la communauté qu'autant que les autres seraient d'une valeur inférieure au taux de la somme garantie par l'ameublissement.

Pothier, dans son numéro 313, nous donne le motif de cette dernière conséquence.

« Tant, dit-il, que l'ameublissement est in-
« déterminé, si, durant la communauté, quel-
« qu'un des immeubles du conjoint qui a fait
« cet ameublissement vient à périr par force
« majeure, la perte en est supportée en entier
« par ce conjoint; car l'ameublissement étant

« indéterminé, on ne peut pas dire que c'est
« celui qui a péri qui est entré en la commu-
« nauté. C'est pourquoi le conjoint doit four-
« nir à la communauté, dans les immeubles
« qui lui restent, la somme entière qu'il a pro-
« mise pour son apport. »

Avant d'abandonner cette section, nous si-
gnalerons encore deux différences importantes
entre l'ameublissement déterminé et l'ameublissement indéterminé :

1° Les immeubles indéterminément ameublis ne seront pas compris dans le partage de
la communauté, si l'époux qui a fait l'ameublissement préfère payer la somme qu'il a pro-
mise ; sinon, il sera obligé de se libérer par une
datio in solutum, en mettant dans la masse
quelques-uns de ses immeubles, jusqu'à concurrence d'une somme équivalente à celle qui
reposait sur l'ameublissement ;

2° Si l'ameublissement est déterminé, et que
la communauté vienne à souffrir l'éviction
pour quelque cause qui existait au temps qu'en
a été fait l'ameublissement, le conjoint qui a
ameubli sera tenu à la garantie envers la communauté. Au cas de l'ameublissement indéterminé, il n'y a pas lieu à cette garantie.

SECTION IV.

De la clause de séparation des dettes.

Il y a trois espèces de clauses de séparation des dettes :

1° La séparation des dettes proprement dite;
2° La clause d'apport franc et quitte;
3° La cause de franc et quitte.

§ 1er. — De la clause de séparation des dettes proprement dite.

Quand les époux ont stipulé qu'ils payeront séparément leurs dettes antérieures au mariage, si la communauté paye une dette de cette nature pour l'un des époux, elle devient, lors de la dissolution de la communauté, créancière de l'époux débiteur, qui est tenu de lui en faire raison. Mais si la communauté a payé une somme égale pour chacun des époux, par exemple, 40,000 francs, il n'y aura pas compensation; il faudra porter 80,000 francs à l'actif de la communauté, et si la femme a des reprises à exercer, c'est sur cet actif qu'elle devra tout d'abord les exercer. La dette antérieure au mariage est celle qui a une source antérieure au mariage. L'art. 1510 dit les dettes personnelles, mais le 4° de l'art. 1197 dit bien, comme Pothier, n° 351, dettes antérieures au mariage. Ainsi, avant le mariage, un des époux a contracté une dette conditionnelle; la condition s'accomplit pendant le mariage: cette dette sera une dette antérieure au mariage; car la condition accomplie a un effet rétroactif au jour où l'engagement a été contracté (art. 1179, Code Nap.).

Il en sera de même si l'un des époux avait commis, antérieurement au mariage, un fait dommageable pour lequel il serait poursuivi pendant le mariage.

Entre les époux, dit l'art. 1510, l'obligation sera la même, qu'il y ait inventaire ou non; mais en sera-t-il de même à l'égard des tiers? Non, évidemment. L'art. 1510 ajoute, en effet, que si le mobilier apporté par les époux n'a pas été constaté par un inventaire ou état authentique antérieur au mariage, les créanciers de l'un ou de l'autre des époux peuvent, sans avoir égard à aucune des distinctions qui seraient réclamées, poursuivre leur payement sur le mobilier non inventorié, comme sur tous les autres biens de la communauté.

Mais il y a une clause de séparation des dettes; inventaire a été dressé du mobilier des deux époux qui tous deux étaient débiteurs.

Si un créancier veut poursuivre le mari ou la communauté, le mari au moyen de l'inventaire repoussera le créancier de la femme, qui voudrait saisir son mobilier ou celui de la communauté. Mais pourrons-nous repousser le créancier du mari du mobilier de la femme?

Ici, nous trouvons en présence deux systèmes.

Dans un premier système, le mobilier de la femme appartient à la communauté malgré la clause de séparation, et le mari peut en disposer comme de tout le reste de la communauté.

Peu importe l'inventaire, les créanciers du mari pourront saisir le mobilier de la femme. Le mari en effet, tant que la communauté dure, ne peut-il pas dissiper les biens de celle-ci, les employer au gré de sa fantaisie, donner même les meubles? ne pourra-t-il donc pas les consacrer à l'acquittement de ses dettes personnelles, et s'il a cette faculté, ses créanciers aux termes de l'art. 1166 ne l'auront-ils pas aussi?

Le second système repousse cette doctrine et il tire son argument *a contrario* de l'art. 1510 même; il soutient que l'intention des parties, en insérant la clause de séparation des dettes n'a pas été que les créanciers du mari pourront se faire payer sur le mobilier de la femme.

La loi décide d'une façon lorsqu'il y a inventaire, donc *a contrario*, il oppose dans la deuxième partie sa première décision à la seconde. Les créanciers du mari ne pourront donc pas faire ce que le mari est incapable de faire lui-même. L'art. 1510 a voulu déroger au droit commun; le mobilier de la femme sera donc à l'abri des créanciers du mari.

Cependant, malgré la clause de séparation des dettes et l'existence d'un inventaire du mobilier de la femme, les créanciers pourront poursuivre la communauté jusqu'à concurrence du mobilier qu'elle a reçu du chef de leur débitrice. Bien que la femme ait aliéné le mobilier au profit de la communauté, et qu'il ne puisse plus servir de gage à ses créanciers, une considération d'équité voulait que la communauté qui avait reçu toute la fortune mobilière de la femme fût tenue, au moins, par une espèce d'action de *in rem verso*, jusqu'à concurrence de ce dont elle s'enrichissait.

§ 2. — De la clause d'apport franc et quitte.

Cette clause a lieu lorsque les époux promettent d'apporter dans la communauté un corps certain ou une certaine somme. Le mari a déclaré apporter 50,000 fr., par cela même il exclut ses dettes, autrement l'apport promis ne serait plus réalisé si la communauté était obligée de prélever 20,000 fr. pour le payement des dettes. Cette clause emporte donc virtuellement séparation des dettes antérieures au mariage; il doit être fait raison à la communauté de tout ce qui diminuerait l'apport promis. — Les deux premières clauses n'ont d'effet que sur les capitaux; les intérêts et arrérages qui ont couru depuis le mariage restent à la charge de la communauté. La communauté a la jouissance de tous les biens des époux, elle doit supporter le passif.

§ 3. — De la clause de franc et quitte.

La clause de franc et quitte est celle par laquelle les époux ou leurs parents les déclarent francs et quittes de toutes dettes antérieures à la célébration du mariage.

Autrefois (voyez Pothier, n° 378), lorsqu'une tierce personne avait déclaré l'un des époux franc et quitte, cette clause ne donnait de recours que contre le tiers déclarant, mais il n'y avait pas de recours en indemnité d'un époux contre l'autre; c'est là la grande innovation du Code.

Aujourd'hui, il n'en est pas ainsi, cette clause aboutit, en somme, à une clause de séparation des dettes. Ces deux clauses ont une grande analogie, mais il ne faut pas les confondre, car les conséquences ne seront pas les mêmes.

Nous ferons en effet ressortir deux différences capitales :

1° Quand il y a séparation des dettes, la

communauté qui les paye n'a droit à récompense que pour le capital; au contraire, la communauté qui paye les dettes de l'époux déclaré franc et quitte a droit à récompense, non-seulement pour le capital, mais encore pour les intérêts.

Cette première différence résulte à la fois et du n° 373 du *Traité de la communauté*, de Pothier, et de la place qu'occupe dans le Code l'art. 1512 et de la logique même des situations.

Lorsqu'un époux en effet a stipulé dans son contrat la séparation des dettes antérieures au mariage, la communauté par cela même se trouve avertie que l'époux a des dettes, et qu'elle devra supporter les intérêts et arrérages qui ont couru depuis la célébration du mariage; mais lorsque l'époux s'est déclaré franc et quitte, la communauté a dû s'attendre à recevoir des biens entièrement dégagés de toutes charges, et compter sur une jouissance pleine et entière.

Ce sera donc aux conjoints ou aux parents qui l'ont trompée à l'indemniser de tout le préjudice qu'ils lui font éprouver.

2° Il faut distinguer si c'est un des conjoints qui s'est déclaré lui-même franc et quitte, ou si c'est un tiers qui a fait cette déclaration.

Il y a une différence quant à la garantie, qui est double dans la seconde prévision.

Un époux s'est-il déclaré franc et quitte, l'époux qui a fait cette déclaration est seul tenu d'indemniser son conjoint.

La déclaration a-t-elle été faite par un tiers, l'autre conjoint a pour garants : 1° l'époux déclaré franc et quitte, car il a tacitement adhéré à la déclaration ; 2° le tiers qui l'a faite.

Si c'est le mari qui s'est déclaré franc et quitte, la femme ne pourra le poursuivre durant la communauté ; elle sera obligée d'en attendre la dissolution, parce que l'indemnité est due à la communauté, que le mari a seul le droit d'exercer les actions de la communauté, et qu'il importe d'ailleurs à la bonne harmonie du ménage que pendant sa durée aucune action ne soit intentée par l'un des époux contre l'autre. Si c'est un étranger ou un parent qui a déclaré la femme franche et quitte, le mari peut agir contre lui durant la communauté, mais le déclarant ne pourra exercer son recours contre la femme qu'après la dissolution du mariage, ni la dépouiller même de la nue propriété de ses propres, parce que le mari doit avoir tous les avantages de la déclaration que sa femme n'avait pas de dettes antérieures au mariage. Il peut en effet obtenir d'elle qu'elle aliène ou hypothèque ses propres dans l'intérêt de son crédit.

SECTION V.

De la faculté accordée à la femme de reprendre son apport franc et quitte.

C'était, dans l'ancien droit, une convention très-usitée dans les contrats de mariage, que celle qui autorisait la femme, en renonçant à la communauté, à reprendre franc et quitte tout ce qu'elle y avait apporté.

C'est là un droit exorbitant accordé à la femme, en raison des pouvoirs considérables dont dispose le mari sous la régime de la communauté.

Si la communauté est bonne, la femme y a sa part ; si elle est mauvaise, elle y renonce et s'affranchit de toute contribution aux pertes.

Aux termes de l'art. 1855, une pareille clause serait nulle dans les sociétés ordinaires ; elle déroge complétement aux art. 1453 et 1492. Aussi est-elle de droit strict, et devons-nous la renfermer, soit quant aux choses, soit quant aux personnes, dans les bornes des termes, dans lesquels elle est conçue.

1° Quant aux choses :

Ainsi, la clause que la femme, en renonçant à la communauté, reprendra ce qu'elle a apporté en se mariant, ne s'étend pas à ce qu'elle y aura fait entrer depuis par les successions ou donations qui lui sont advenues. De même la clause portant que la femme reprendra les biens qu'elle acquerra pendant le mariage, à titre de succession, ne s'étend pas à ceux qu'elle acquerra par legs ou donation.

2° Quant aux personnes :

La règle de l'art. 1122 : « On est censé avoir stipulé pour soi et pour ses héritiers, » reçoit ici une dérogation remarquable. La femme a stipulé qu'elle reprendrait ses apports. Cette faculté accordée à la femme lui demeure exclusivement réservée; elle ne passe pas aux enfants, à moins que le droit ne soit ouvert dans la personne de la femme. Celle accordée à la femme et aux enfants ne s'applique pas aux héritiers ascendants ou collatéraux, mais celle accordée à la femme et aux collatéraux s'étendra nécessairement à ses enfants et ascendants.

Par enfants, la loi désigne les enfants, petits-enfants, les enfants naturels ou adoptifs.

Suivant quelques auteurs, si le contrat porte le mot héritiers, cette expression comprendra même les légataires universels et à titre universel (art. 967 et 1002).

La femme a ameubli un immeuble; elle a stipulé la reprise de ses apports, la communauté est mauvaise, la femme renonce et veut reprendre ses apports. La femme pourra-t-elle inquiéter l'acheteur qui aurait acquis l'immeuble ameubli? Pothier dit que la clause de reprise d'apport n'a d'effet qu'entre les conjoints, et ne concerne nullement les tiers, qu'ils ne pourront, par conséquent, être inquiétés.

Suivant une autre opinion, l'immeuble est dans la communauté sous une condition résolutoire; la femme pourra revendiquer son immeuble entre les mains de l'acheteur qui n'a pu acquérir que sous une condition résolutoire; c'était à l'acquéreur à prendre ses précautions: *Resoluto jure dantis, resolvitur jus accipientis.*

Si les meubles ou les immeubles sont existants encore, ou s'il s'en trouve d'autres acquis en remploi, la femme pourra les reprendre; mais elle n'aura droit aux intérêts que du jour de la demande, conformément à l'art. 1153 Code Napoléon.

Mais la femme reprendra-t-elle son apport actif, en laissant son apport passif à la charge du mari? Non, la femme ne reprendra cet apport que sous déduction de ses dettes personnelles que la communauté aurait acquittée. *Bona enim non intelliguntur, nisi deducto œre alieno.*

Le Brun soutenait la doctrine contraire; mais cette doctrine est réfutée par Pothier dans le n° 411 de son Traité de la communauté.

L'art. 1494, en vertu duquel la femme est tenue envers les créanciers lorsqu'elle s'est obligée conjointement avec son mari, ou lorsque la dette, devenue dette de la communauté, provenait originairement de son chef, sauf son recours contre son mari ou ses héritiers, peut parfaitement trouver place à la fin de notre article 1514, et recevoir son application.

La femme, pour ses reprises, n'a qu'une créance; mais s'il y a d'autres créanciers du mari, la femme primera-t-elle les créanciers? La Cour de Paris, par un arrêt du 23 août 1855, a reconnu que la femme a un privilége lorsqu'elle a fait insérer la clause de franc et quitte.

Mais d'autres jurisconsultes n'admettent pas de privilége. Un droit de préférence, disent-ils, doit être motivé par une loi; la femme ne peut, par une convention, se faire un privilége à elle-même. Cette opinion a été consacrée par un arrêt de la Cour de cassation du 23 août 1859.

SECTION VI.

Du préciput conventionnel.

On appelle préciput ce que le survivant des époux a le droit de prélever sur les biens de la communauté avant tout partage.

Ce mot dérive des deux mots latins (*præ* et *capere*, prendre avant).

En droit romain, le legs *per præceptionem* ne pouvait être fait en principe qu'à celui qui était héritier pour partie. *Quod hæres extra portionem hæreditatis habiturus sit* (*Gaius*, § 216).

Au temps des coutumes, il y avait deux sortes de préciput : le préciput légal, le préciput conventionnel.

Le préciput légal était le droit accordé par plusieurs coutumes au survivant des deux conjoints nobles de prélever, lors du partage, les meubles dépendant de leur communauté sous certaines charges (Pothier, n° 444).

Le préciput conventionnel est une clause par laquelle l'un des époux, le plus souvent la femme, se réserve le droit, en cas de survie, de prélever une certaine somme ou des effets mobiliers. Ce sont, dit Pothier, des armes et des chevaux, si c'est un homme de guerre ; ses livres, si c'est un artisan ; ses habits, bagues et joyaux, si c'est la femme.

Il ne faut pas confondre le préciput avec le douaire ; le douaire était établi au profit de la femme survivante et indépendant de la communauté.

Il y avait deux espèces de douaire : le douaire préfix ou conventionnel, et le douaire coutumier. Le premier était laissé à la volonté des parties ; le second consistait dans l'usufruit de la moitié des héritages possédés par le mari au jour du mariage, et de ceux qui lui étaient échus en ligne directe. Le douaire a cessé d'exister depuis la promulgation de la loi du 17 nivôse an II.

Aujourd'hui, il n'y a donc plus de douaire, à moins qu'on ne veuille considérer comme tel le droit qu'a la femme d'être logée et nourrie pendant les trois mois et quarante jours accordés pour faire inventaire et délibérer.

Le préciput peut être accordé déterminément au mari ou à la femme, ou, *in abstracto*, au survivant sans distinction.

En principe, la femme n'a droit au préciput qu'en acceptant la communauté ; mais on peut lui réserver ce droit même en cas de renonciation, si cette exception a été formellement stipulée.

Le préciput ne s'exerce que sur la masse

partageable, et non sur les biens de l'époux prédécédé.

La mort seule donne ouverture au préciput. Avant d'être abrogée par la loi du 31 mai 1854, la mort civile y donnait aussi ouverture.

La séparation de corps et la séparation de biens ne donnent pas lieu à la délivrance immédiate du préciput, mais l'époux qui a obtenu, soit le divorce, soit la séparation de corps, conserve ses droits au préciput en cas de survie. Ce second membre de phrase, disait-on, signifiait évidemment, en raisonnant *à contrario*, que l'époux dont l'inconduite avait amené la séparation de corps perdait ses droits au préciput. L'art. 299, au chapitre du divorce, était plus formel encore.

« Pour quelque cause, disait-il, que le di-
« vorce ait lieu, hors le cas de consentement
« mutuel, l'époux contre lequel le divorce aura
« été admis perdra tous les avantages que
« l'autre époux lui avait faits, soit par leur
« contrat de mariage, soit depuis le mariage
« contracté. »

La jurisprudence, assimilant la séparation de corps au divorce, fait perdre à l'époux contre lequel la séparation de corps a été prononcée son préciput ou gain de survie (arrêt de la Cour de cassation du 23 mai 1845).

C'est la femme qui a été maltraitée, c'est le

mari qui a été cause de la séparation de corps : dans ce cas, le préciput reste au mari, mais il est obligé de donner caution à sa femme pour la conservation du préciput. Il y a 100,000 fr. de réalisés dans la communauté. Chaque époux prendra 50,000 fr., et le mari donnera caution à sa femme pour 10,000 fr., si son préciput s'élève à cce hiffre.

Il faut que la femme ait accepté la communauté. Ce prélèvement de préciput ne s'exécute que pour moitié en cas d'acceptation, et pour la totalité en cas de renonciation, si elle y a droit même en renonçant. Ces mots de l'article 1519 « sauf le recours de l'époux conformément à l'art. 1515 » ont trait au cas où le préciput a été stipulé au profit de la femme même renonçante.

La femme ne pourra pas demander aux héritiers du mari au delà de ce qui restera après le partage et le payement des dettes.

Ainsi, il y a 100,000 fr. d'actif et 90,000 fr. de dettes; la femme a un préciput de 20,000 fr. Si la femme accepte la communauté, son préciput ne sera que de 10,000 fr. S'il est dit que le préciput appartiendra à la femme même en renonçant, les héritiers du mari seront obligés de lui abandonner les 10,000 francs restant de la masse partageable après le prélèvement des dettes, et seront en outre tenus de lui compter dix autres mille francs sur les biens personnels du mari.

SECTION VII.

Des clauses par lesquelles on assigne à chacun des époux des parts inégales dans la communauté.

Les clauses par lesquelles on assigne des parts inégales à chacun des époux sont au nombre de trois :

1° La clause d'inégalité des parts proprement dite ;

2° Le forfait de communauté ;

3° La clause qui attribue à l'un des époux la totalité de la communauté.

§ 1er. — Clause d'inégalité des parts proprement dite.

C'est celle qui permet aux futurs époux de stipuler des parts inégales dans la communauté.

Peu importe que le contrat porte que la femme, par exemple, n'aura droit qu'au tiers, au quart ou à une portion quelconque, pourvu que l'époux qui n'a droit qu'au tiers ou au quart paye le tiers ou le quart des dettes de la communauté, sans cela la convention d'attribution de part est nulle ; non pas seulement en ce sens qu'on rétablira la proportion entre l'actif et le passif, mais en ce sens qu'une telle clause, étant contraire à l'art. 1521, est censée ne pas exister et que les parties seront ramenées en tout point au droit commun. La décision de la loi a pour but ici d'empêcher les époux de s'avantager réciproquement et de se faire des donations irrévocables. Si le contrat portait que le mari aurait les deux tiers dans l'actif et ne supporterait qu'un tiers dans le passif, il est visible que le mari pourrait s'enrichir aux dépens de sa femme, en faisant des acquisitions dont il devrait le prix; car il ferait payer à la femme les deux tiers du prix de ces acquêts, dont elle n'aurait que le tiers et dont il aurait les deux tiers. Il l'avantagerait dans une proportion analogue si une pareille clause était stipulée en sa faveur.

§ 2. — Forfait de communauté.

On appelle ainsi la clause qui ne permet à l'un des époux de prétendre qu'à une certaine somme pour tout droit de communauté.

Le mari survivant aura toute la communauté, mais il payera 20,000 fr. aux héritiers de la femme, telle est la clause du contrat.

On suppose ici le prédécès de la femme. L'événement contraire arrive : les héritiers du mari pourront-ils ne payer à la femme que 20,000 fr.? Non, la femme n'acceptera pas cette solution; elle dira : La présomption de survie ne s'appliquait qu'à mon mari vis-à-vis de mes héritiers et non vis-à-vis de moi, donc il y a lieu au partage légal conformément à l'art. 1523.

Si la clause eût porté : « le mari survivant ou ses héritiers », la prévision étant double, la femme serait obligée d'accepter la somme stipulée.

Si la clause portait : « le survivant aura toute la communauté et payera 40,000 fr. aux héritiers du prédécédé », cette clause préjudiciera à la femme, qui sera tenue, en ce cas, d'accepter; et même, s'il n'y a rien dans la communauté, de payer 40,000 fr. aux héritiers du mari.

Si c'est le mari ou ses héritiers qui survivent et qui retiennent, en vertu de la clause énoncée en l'art. 1520, la totalité de la communauté, ils seront obligés d'acquitter toutes les dettes.

Les créanciers n'auront aucune action contre la femme ni contre ses héritiers. Si c'est la femme qui survit et qui est obligée de payer aux héritiers du mari une somme de ......, en prenant toute la communauté, elle aura le choix ou de payer cette somme aux héritiers du mari en demeurant obligée à toutes les dettes, ou de renoncer à la communauté et d'en abandonner aux héritiers du mari les biens et les charges.

Dans le premier cas de l'art. 1524, que nous venons de rapporter, il y a un forfait pour ou contre le mari. Si la communauté est avantageuse, le mari opposera la clause du forfait aux héritiers de la femme; il la gardera en totalité. Si elle elle est désavantageuse, les héritiers de la femme lui opposeront le forfait.

Mais il n'en est pas de même de la femme, qui, dans les deux cas, est également protégée.

La communauté a-t-elle prospéré, la femme gardera la communauté en se prévalant de la clause du forfait; la communauté est-elle pauvre au point de ne pouvoir payer la somme convenue, la femme pourra y renoncer et tout abandonner aux héritiers du mari. Le conjoint qui a une somme fixe a encore la chance d'avoir une part égale à celle de l'autre conjoint ou de ses héritiers. C'est une éventualité. Il y a encore communauté, mais elle est bien modifiée.

§ 3. — Clause attribuant la totalité de la communauté à l'un des époux.

Cette clause peut se présenter de trois manières :

1º La totalité de la communauté appartien-

dra au survivant ; 2° elle appartiendra au mari ;
3° elle appartiendra à la femme.

Il ne faut pas ajouter les mots « ou à ses héritiers » parce qu'alors ce serait exclure toute idée de communauté.

Si en effet on a dit : « le mari ou ses héritiers, » il est évident que le mari survivra ou qu'il prédécédera. Dans le premier cas, il prendra tout ; s'il précède, les héritiers auront la totalité !

Quand on a dit le « survivant, » la communauté subsiste, car il y a une éventualité suffisante pour encourager l'époux à faire prospérer les biens communs.

La femme a des enfants du premier lit ; le contrat de mariage est fait dans les conditions de l'art. 1525. Les enfants du premier lit ne pourront pas dire que l'art. 1098 est violé, qu'il y a avantage au profit de l'autre conjoint, » puisque l'éventualité est la même d'un côté comme de l'autre.

Si l'on avait même dit « déterminément, la communauté appartiendra à tel des survivants, dans ce cas même, il n'y aurait pas de donation, puisque les héritiers du prédécédé auront le droit de faire la reprise des apports et des capitaux tombés dans la communauté du chef de leur auteur.

SECTION VIII.

De la communauté à titre universel.

Il y a communauté à titre universel lorsqu'on apporte dans la communauté tous les biens meubles et immeubles, présents et à venir, ou tous les biens présents seulement ou seulement tous les biens à venir. Cette clause se confond avec l'ameublissement général.

Aussi chacun des époux aura, suivant l'article 1509, la faculté de retenir, en les précomptant sur sa part, les immeubles tombés dans la communauté de son chef.

A la différence de la communauté, où les biens présents et les biens à venir peuvent entrer en propriété et en jouissance, la société universelle qui comprendrait les biens à venir autrement que pour la jouissance est prohibée par l'art. 1837.

Dispositions communes aux huit sections ci-dessus.

Toutes les dispositions que nous venons d'examiner, qui, à l'égard des enfants nés du mariage ne sont que de simples conventions ne donnant lieu à aucune action en réduction, quand il y a des enfants du premier lit, sont considérées comme des libéralités et sont soumises à l'action en retranchement, toutes les fois qu'elles excèdent la portion fixée par l'article 1098, Code Nap.

C'est l'existence des enfants du premier lit qui donne ouverture à l'action en retranchement; mais les enfants du second lit auront tout autant d'intérêt à l'intenter, car les sommes provenant des réductions opérées rentrent dans la succession et se partagent entre les uns et les autres, sans cela il y aurait violation de l'art. 745, Code Napoléon, qui prescrit un partage égal entre les enfants issus de différents mariages.

Si l'art. 1496 refuse aux enfants nés du mariage l'action en réduction, c'est qu'en réalité, ils n'ont pas grand intérêt à l'exercer, parce qu'ils trouveront dans la succession de l'un des époux ce qu'ils auront recueilli en moins dans celle de l'autre.

Mais il ne faut avoir égard qu'aux capitaux, lorsqu'il y a des enfants du premier lit et qu'on veut appliquer l'art. 1098.

Les simples bénéfices résultant des travaux et des économies faites sur les revenus respectifs, quoique inégaux des époux, n'y sont pas compris.

Une femme a des enfants; elle se marie avec un homme qui ne possède rien; elle apporte

100,000 fr. de rente. Le mari pourra, si le mariage dure longtemps, faire de grandes économies ; les enfants du premier lit ne pourront
pas dire que ces économies proviennent de capitaux apportés par leur mère et y prétendre
exclusivement.

*Enregistrement. — Communauté convention-
nelle.*

La clause d'ameublissement ne donne pas
lieu au droit proportionnel. Si l'ameublissement est indéterminé, il n'y a pas de mutation,
puisque les immeubles restent dans les mains
des époux. Même dans l'ameublissement déterminé, nous pensons que le droit proportionnel ne sera pas dû parce qu'il n'y a pas de vé-
ritable mutation (loi du 22 frimaire an VII,
art. 68, § 3, n° 1).

Quand il y aura ameublissement, si à la dissolution du mariage l'époux reprend l'immeuble
aux termes de l'art. 1509, il n'y aura pas lieu
au droit proportionnel, puisqu'au moment où
l'ameublissement a eu lieu, la loi a déclaré
que ce droit ne pouvait pas exister.

Mais que décider si l'immeuble ameubli
tombe dans le lot de l'époux auquel il n'appartient pas ? Certains auteurs ont dit que dans ce
cas, le droit proportionnel serait dû, mais sui-

vant une autre opinion, qui me paraît préférable, même dans cette hypothèse, il ne sera pas dû de droit proportionnel.

Le préciput conventionnel n'est pas considéré comme une donation, il ne sera donc pas soumis au droit proportionnel d'enregistrement (art. 1616).

Il en sera de même de la stipulation par laquelle les époux stipulent que la totalité de la communauté appartiendra au survivant ou à l'un d'eux.

Le droit proportionnel ne sera pas dû, car la loi ne voit là qu'une convention de mariage (art. 1525). Un arrêt de la Cour de cassation du 21 mars 1860 a consacré cette doctrine.

POSITIONS.

I. Une fille mineure, assistée des personnes dont le consentement est requis pour la validité du mariage, peut dans son contrat restreindre son hyothèque légale sur les biens de son mari.

II. Le mot de séparation de biens employé dans l'art. 69, Code de commerce, doit être pris *lato sensu*. Ce mot comprend aussi le régime sans communauté.

III. Le droit qu'a l'époux de prélever, lors du partage, l'immeuble ameubli en le précomptant sur sa part pour le prix qu'il vaut alors, appartient à la femme même renonçante.

IV. Le droit de reprendre son apport franc et quitte existe au profit de la femme séparée de biens.

V. L'époux contre lequel la séparation de corps a été prononcée perd ses droits au préciput.

VI. L'ameublissement d'un immeuble particulier jusqu'à concurrence d'une certaine somme est un ameublissement indéterminé, contrairement à l'art, 1506.

VII. L'exclusion totale ou partielle du mobilier entraîne l'exclusion des dettes mobilières dans la même proportion.

VIII. La femme qui reprend son apport franc et quitte demeure chargée des dettes qui provenaient originairement de son chef.

Vu par le Président de la Thèse,
VUATRIN.

Le Doyen de la Faculté,
C.-A. PELLAT.